# 1870-71

Armée de la Loire

Armée de l'Est

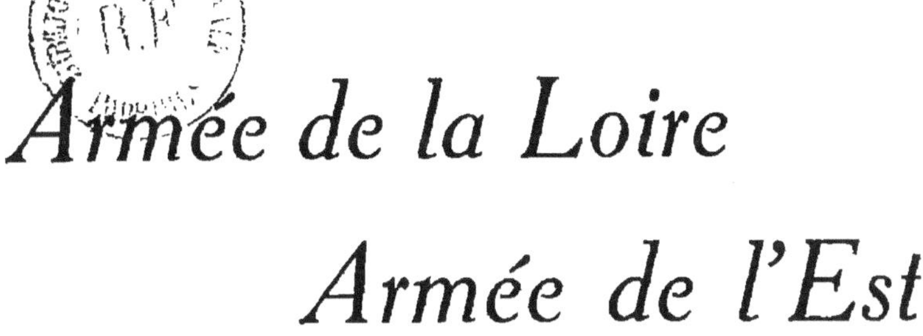

## Souvenirs d'un Fourrier d'Artillerie

PAR

### A. PREVOST

*Conseiller référendaire à la Cour des Comptes*

(En retraite)

EU

IMPRIMERIE ROGER ODIC, 1, RUE DU BALAFRÉ

1913

# 1870-71

# Armée de la Loire
# Armée de l'Est

## Souvenirs d'un Fourrier d'Artillerie

PAR

## A. PREVOST

*Conseiller référendaire à la Cour des Comptes*

(En retraite)

EU
IMPRIMERIE ROGER ODIC, 1, RUE DU BALAFRÉ

1913

A LA MÉMOIRE

du

Général CHAPPE

et du

Colonel RHULMANN

# PRÉFACE

Des amis m'ont très souvent invité, depuis quarante ans, à relater mes souvenirs de guerre, et je leur ai toujours refusé cette satisfaction. Quel intérêt pouvait, en effet, présenter le récit d'un petit fourrier d'artillerie, alors que nos stratèges les plus fameux avaient écrit de nombreux volumes sur cette question passionnante ?

Cependant, depuis deux ans j'ai changé complètement d'avis. La tournure que prenaient les événements était telle que pour tout esprit un peu avisé elle rappelait les années qui avaient précédé la guerre de 1870.

J'ai donc pris la plume ; j'ai rédigé ces notes sous l'impression si forte et si vive de la période tourmentée que j'ai vécue. Le temps, en effet, m'a semblé des plus favorables. Comme en 1870, l'Allemand nous guette et veut faire de nous sa proie ; il compte sur nos divisions intestines, sur notre désarroi moral pour tenter un mauvais coup. Mais nos voisins ont oublié qu'ils ont, eux aussi, plus d'une mauvaise pierre dans leur sac, et que si une attaque foudroyante de leur part peut leur donner provisoirement quelques succès, l'avenir ne leur appartient pas ; il est à nous.

Ce qui perdra l'Allemand, c'est sa fatuité,

son insolence, sa présomption exagérée et, à
côté de cela, son manque d'endurance et d'énergie ; en effet, l'Allemand ne résistera pas à
une défaite sérieuse, son moral ne le lui per-
mettra pas. Quant à nous, quoi qu'on en dise
de l'autre côté du Rhin, nous saurons, par
notre cohésion et notre discipline, tenir victo-
rieusement tête à nos ennemis et leur dire, s'ils
voulaient envahir nos frontières et nous toucher de trop près : « A bas les pattes ! »


1er Juin 1913.

# CAMPAGNE DE 1870-71

## Le Départ

Le 17 septembre, à 7 heures du soir, une partie des conscrits de la classe 1870, appelée par anticipation, devait se trouver à la gare de Montparnasse pour quitter Paris en temps utile, car l'armée allemande arrivait à marches forcées sur la capitale, après le désastre de Sedan.

Une heure avant le départ, la place était noire de monde, et ce n'est pas sans une certaine émotion que s'échangeaient les derniers adieux, on était en état de guerre et ceux qui abandonnaient leur famille et leurs amis ne devaient peut-être plus les revoir.

Malgré tout, les 750 conscrits qui se dirigeaient sur le 7e d'artillerie à Rennes gravirent la rampe de la gare d'un pas que, volontairement, ils rendaient plus léger.

Quelques minutes après, tous étaient réunis sur le quai, se plaçaient sur deux rangs et l'appel commençait.

Rien de plus pittoresque que cette masse humaine où toutes les classes de la société étaient représentées, rien de plus gai que cette réponse : « Présent » faite par les voix les plus diverses, depuis la basse la plus grave jusqu'au fausset le plus aigu.

L'appel terminé, le contingent fut réparti dans des wagons à bestiaux sur le pied de quarante hommes par wagon.

Chacun s'installa comme il put. A 8 heures, le train s'ébranlait, emportant cette jeunesse soucieuse, mais cependant bien persuadée que la série noire était terminée et que, grâce au concours de ces énergies nouvelles, les Allemands en verraient de dures.

Tout d'abord, un lourd silence pesa sur ces hommes qui ne se connaissaient pas, mais à vingt ans les rapprochements et les contacts sont faciles. Une heure après la glace était rompue et les nouveaux amis se mirent à chanter en chœur le refrain à la mode :

*Les peuples sont pour nous des frères*
*Et les Prussiens des ennemis.*

La route fut longue. A 5 heures du matin nous arrivâmes au Mans, où il y eut un arrêt de trois heures.

C'est avec le plus vif plaisir que nous descendîmes de wagon, tous gris de poussière, les traits tirés, comme des gens qui ont, contre leur habitude, passé une mauvaise nuit.

L'air frais et pur eut bientôt ragaillardi toute cette jeunesse.

Quand l'heure du départ sonna, c'est avec entrain que chacun regagna sa place, ne songeant plus qu'à la vie nouvelle à laquelle il se trouvait pourtant si peu préparé.

## Arrivée à Rennes

Enfin nous arrivons à Rennes. Les sous-officiers, nous cueillant à la gare, nous conduisent à la caserne du « Colombier ».

A 5 heures a lieu notre premier repas. L'administration militaire, prise à l'improviste et débordée, n'avait pas eu le temps de prendre toutes les dispositions nécessaires pour nous recevoir.

La soupe nous est servie dans la cour.

De grands plats creux contiennent la pitance de douze personnes.

Les sous-officiers de service distribuent préalablement à chacun de nous une cuiller, et quand nous nous asseyons tous en rond sur le sol autour de la gamelle commune, c'est avec la plus grande hésitation que chacun pique dans le tas. A la seconde cuillerée l'hésitation est plus grande encore et tout le monde s'abstient.

Ah ! dame, nous n'étions pas les grognards du premier Empire ; nous n'avions pas parcouru l'Europe côte à côte, en conquérants.

Les plus roublards d'entre nous s'enfuient vers la cantine, d'autres les suivent. Le cantinier dut faire de bonnes affaires ce jour-là.

Le coucher est aussi primitif : deux paillasses pour trois hommes ; les paillasses étaient placées dans tous les corridors, ne laissant qu'un tout petit chemin pour le passage des hommes. Mais baste ! on en verrait bien d'autres plus tard, et c'est avec bonne humeur qu'on accepte tous ces petits ennuis.

Le lendemain, classement des hommes, divisés en conducteurs et en servants, suivant leurs aptitudes ; quelques jours après, l'habillement.

Nous étions d'autant plus heureux d'être équipés que nos vêtements paraissaient plus disparates au milieu de tous ces uniformes, dans le quartier où nous étions consignés.

D'ailleurs, une petite scène regrettable s'était produite.

Un camarade était venu de Paris avec son chapeau haut de forme. Il sentait tout le ridicule de cette coiffure, mais pas moyen de la changer, puisque toute sortie était interdite.

Un matin, à la corvée de pommes de terre, un loustic bombarda ledit chapeau, mais avec tant de maladresse qu'il atteignit son porteur en pleine figure. Celui-ci, furieux, bondit immédiatement sur l'agresseur et lui donna un formidable coup de poing. L'adversaire, oscillant sur ses bases, s'effondra dans un baquet d'eau placé derrière lui. Le propriétaire du chapeau eut immédiatement les rieurs de son côté, non seulement parce qu'il avait mis son adversaire en mauvaise posture, mais encore parce qu'il avait fait preuve de force, malgré sa chétive apparence.

Notre équipement nous parut être la plus douce des choses. Nous allions enfin jouir d'un peu plus de liberté grâce au précieux uniforme et être regardés comme moins bleus par tous les anciens.

Chacun comparut à son tour pour l'inspection devant le capitaine Boon et son fidèle lieutenant, le maréchal-des-logis Bilger.

Le capitaine était un homme charmant, petit, rondelet, la figure affable, un excellent Alsacien. Quant à Bilger, avec beaucoup de bonhomie il nous faisait comprendre que les vêtements allaient toujours bien.

Son accent, très prononcé, pimentait encore ses répliques. Si la veste était trop large ou le pantalon un peu long : « *Ça n'est rien di tu*, disait-il, *vous séré pien pli sa laise et ne serez pas chéné pour fére la manœufre.* » Si, au contraire, le vêtement était un peu juste : « *C'est rien di tu*, disait-il encore, *c'est bien pli choli, ça vu fé la taille vine, vu z'aurez l'air t'afoir des fêlements de vanlaisie.* » Ce diable d'homme avait réponse à tout ; par son langage pittoresque il provoquait le fou rire et par conséquent désarmait ses contradicteurs lorsqu'ils avaient lieu d'être plus ou moins satisfaits.

# Préparation militaire

La cérémonie terminée de ce côté, on ne songea plus qu'à travailler dur et à se mettre vivement à hauteur.

Chaque batterie nouvelle était composée de trois éléments différents : les rengagés, les soldats de l'active et les bleus. C'était là un excellent système qui donnait plus de consistance aux nouvelles unités de combat.

L'un des nouveaux arrivés avait un de ses parents très lié avec le général de Molon, grâce auquel il passa dans les bureaux de recrutement, sous les ordres du commandant Pigeon.

Le jeune troupier était très mécontent de cette faveur qu'il n'avait point sollicitée. Au bout de quinze jours il en eut assez de cette vie de bureau.

C'est alors qu'il pria son chef de vouloir bien lui rendre sa liberté.

Le commandant, très brave homme, fit d'abord quelques difficultés. Il ne voulait pas se séparer d'un scribe qu'il appréciait, et c'est à grand'peine qu'il céda aux sollicitations très pressantes de ce dernier.

L'argument suprême qui vainquit toutes les résistances fut celui-ci : « Mon commandant, si tous les gens qui ont une certaine instruction se dérobent et s'embusquent dans les bonnes places, qu'adviendra-t-il ? Des scribes, vous en aurez autant que vous vondrez, mais les gens de bonne volonté sont plus rares, leur énergie doit se déployer dans la lutte. »

C'est ainsi que le jeune homme fut incorporé dans la 20e batterie du 7e d'artillerie, avec laquelle il fit campagne.

Très belle, cette batterie ; de bons sous-officiers, de braves camarades.

Le capitaine commandant était Rhulmann, un Alsacien des environs de Saint-Odille, grand, blond, très distingué, l'œil bleu, vif et profond. Il était bien l'homme de la situation, car il alliait beaucoup de douceur à une très grande fermeté.

Il était adoré de ses hommes et l'on sentait très bien qu'avec lui on ferait quelque chose.

Prisonnier à Sedan, il s'était échappé, quoique blessé, à travers les plus grands périls.

Les deux lieutenants étaient dignes de lui ; tous deux, sortis du rang, connaissaient admirablement leur métier, et leurs caractères différents s'harmonisaient parfaitement quand il s'agissait du service.

Le premier, Chartier, était petit. Toujours de bonne humeur, il avait eu jadis, dans une manœuvre de batterie attelée, un accident terrible et il lui en était resté une déformation de la bouche qui donnait à sa physionomie un caractère tout spécial.

L'autre, brun, mince, tout le contraire de son camarade, était un nerveux bienveillant, ne connaissant aucun obstacle et voulant arriver toujours et quand même.

## Départ pour Nantes

Grâce à la bonne volonté des hommes, à l'application qu'ils mettaient à faire la manœuvre, la batterie fut bientôt en état de partir et, le 24 octobre, elle s'embarquait pour Nantes afin de chercher les mitrailleuses dont elle était dotée par le sort.

Ce n'était pas sans une certaine émotion que nous quittions le Colombier. Nous étions attachés à cette vieille caserne en raison même des rudes moments que nous y avions passés.

Et puis, il faut bien le dire, l'inconnu s'ouvrait devant nous avec tous les aléas qu'il comportait.

Ce sentiment dura peu, et quand nous fûmes installés dans le vieux château, à Nantes, il n'y paraissait plus.

C'est là que nous furent livrées nos mitrailleuses.

L'un de nous fut délégué pour aller copier le règlement relatif au maniement de cet engin.

Comme par hasard, celui qui fut détaché à cet effet n'était autre que l'ancien scribe du recrutement.

C'est ainsi qu'il fut mis en contact avec le colonel de Reffye, dont la bienveillance égalait le savoir.

Quand la première expédition du règlement fut terminée, le colonel de Reffye fit compliment au copiste de son écriture et de la manière dont la chose était présentée, ce à quoi le canonnier répondit au colonel qu'il le remerciait de ses paroles bienveillantes et qu'il était d'autant plus flatté de ces compliments que les bacheliers, en général, écrivent très mal.

Le colonel de Reffye proposa alors à son interlocuteur de le garder auprès de lui comme secrétaire, et malgré les avantages qu'elle présentait, cette offre fut déclinée.

Les raisons étaient les mêmes que celles qui avaient déjà été données au commandant Pigeon. Le colonel les comprit et le jeune homme se retira.

La vie dans le vieux château n'était point monotone. On y travaillait durement pour apprendre la manœuvre des mitrailleuses, mais pendant les heures de repos on devisait au soleil avec les petites cartouchières.

Celles-ci avaient l'habitude de prendre leurs repas dans la cour, assises sur des bancs, et, point farouches, se laissaient aller à la douceur de vivre.

Les propos les plus aimables s'échangeaient, des rendez-vous se donnaient.

Il faut bien profiter des avantages du jour quand on ignore ce que sera le lendemain. Et pendant les repas de ses êtres charmants, on oubliait l'heure présente pour ne songer qu'à s'aimer.

Un aide-fourrier avait eu le privilège d'attirer les regards d'une de ces jeunes filles, type accompli de la Bretonne, dont les yeux noirs et vifs étaient pleins d'une douceur langoureuse quand son ami venait s'asseoir auprès d'elle.

Le menu de son repas était en général des plus simples et un fruit composait tout son dessert. Elle insistait si gentiment pour que son ami en prit sa part que celui-ci aurait eu mauvaise grâce à refuser.

Et alors s'ébaucha entre eux une idylle platonique.

L'aide-fourrier rapportait des friandises à sa petite amie ; celle-ci voulait les refuser, mais, à son tour subissant le charme, elle cédait, et rien n'était plus gracieux que cette tête de madone vivement éclairée par le chaud soleil d'automne.

C'est avec le plus grand plaisir que chaque jour les deux amoureux se retrouvaient assis côte à côte sur le banc.

Qui sait ce qui serait arrivé si un ordre brusque de départ n'était venu interrompre ce roman à peine ébauché ?

## De Nantes à Tours

Un matin, vers dix heures, on sonnait le boute-selle et le boute-charge ; les petites cartouchières, effarées, se précipitèrent aux fenêtres de leurs ateliers respectifs, et on partit, émus ou insouciants, chacun envoyant à sa chacune un dernier adieu.

Le soir, nous étions à Tours.

Le campement fut établi dans cette ville, près du Cher, le long des allées Grammont, en contrebas de la route, dans des terres labourées. La pluie commençait à tomber, le temps se gâtait définiti-

vement, et nous marchions et couchions littérale-
ment dans un lac de boue.

Cette situation qui n'avait rien de drôle, dura
quelques jours.

De nouveau, l'ordre du départ vint nous toucher. Le but de notre voyage était Beaugency, où
nous débarquions à trois heures du matin.

Le temps était épouvantable, et c'est sous une
pluie battante que la colonne se dirigea sur Orléans.

Vers les huit heures, la pluie avait cessé. Un
soleil ardent séchait nos vêtements trempés, et
l'évaporation de l'eau nous donnait des sensations
de brûlures des plus douloureuses.

Les sacs des servants étaient tellement lourds
pour des gens peu habitués à la marche, que beaucoup semaient en route des effets qu'ils regardaient
comme inutiles.

Enfin, nous entrâmes à quatre heures du soir,
par une bise glaciale, dans Orléans délivré par la
bataille de Coulmiers. La nuit se passa dehors,
sous les tentes que nous avions dressées.

Le lendemain, la batterie se dirigea sur Ingré, à
quelques lieues d'Orléans, et de nouveau notre
campement fut établi en plein champ. L'habitude
du cantonnement n'était pas encore répandue chez
nous.

La pluie tombait toujours et rien n'était plus
pénible que de coucher sous ces tentes trop petites.

Les hommes un peu grands touchaient fatalement des pieds et de la tête, bien qu'ils se tinssent
en chiens de fusil, et par suite de leur contact
avec la toile, ils étaient inondés aux deux extrémi-
tés, ce qui était rafraîchissant peut-être mais peu
hygiénique.

Heureux encore si, dans la nuit, ces tentes éta-
blies sur des terrains détrempés ne s'effondraient
pas sous la rafale.

C'est alors qu'en bons troupiers nous nous mettons à faire l'exploration des lieux et nous nous apercevons qu'à côté de la nouvelle église d'Ingré s'en trouvait une vieille, éventrée par les obus, mais offrant encore un abri préférable à celui de la tente inhospitalière.

Le lendemain au soir, sans cependant s'être donné le mot, plus de trois cents hommes étaient réunis dans la vieille église.

Comme il faisait très froid, une chaise flamba comme par hasard ; une deuxième suivit. Mais nous n'usâmes de ce mode de chauffage qu'avec la plus grande discrétion, peut-être pour ménager le combustible, mais surtout pour n'être pas trahis par la fumée.

Cependant la provision de chaises s'épuisait. C'est alors que le feu fut mis à l'autel et au confessionnal d'un même coup ; le confessionnal ayant été placé sur l'autel dont le bois mince et léger devait plus facilement s'allumer sous la paille.

La flamme jaillit alors, claire et vivante, illuminant toute cette ruine d'une manière fantastique.

Mais les lueurs s'apercevant au loin, des officiers accoururent et nous chassèrent rapidement de l'excellent asile où nous avions trouvé un si précieux refuge.

Il fallut rentrer au camp, piteux et confus. Chacun se retira sous sa tente en pensant avec amertume à l'imprudence commise.

La morale de l'histoire est qu'il faut savoir user des choses, mais n'en abuser jamais.

Heureusement il ne pleuvait plus ; cependant les champs et la route n'offraient pas de changement.

Sur la route il n'y avait pas moins de vingt centimètres de boue blanche liquide dans laquelle il était excessivement pénible de marcher. Que l'on juge par là de ce que devait être le camp ; c'était quelque chose d'épouvantable.

La batterie avait été versée dans la réserve du 15e corps ; nous étions là quinze unités de combat,

batterie de 4,

batterie de 12,

batterie de mitrailleuses.

La nuit, les chevaux se détachaient des cordes et allaient vaguer dans les champs. Rien n'était plus difficile que de les rapatrier dans ces grandes plaines et de les ramener au piquet.

Les gardes d'écurie étaient très rudes.

Pour vivre, les difficultés se présentaient nombreuses ; il fallait aller chercher à un kilomètre une eau trouble et chargée de calcaire à tel point que nous étions obligés de la laisser reposer pour l'employer aux usages réglementaires.

Nous maraudions un peu pour les légumes qui avaient été piétinés par les chevaux et les hommes ; les paysans, qui les savaient perdus, n'auraient pas dû se plaindre.

Malgré cela ils portèrent leurs doléances à l'autorité supérieure, et un jour, aux ordres. le colonel Chappe, qui commandait la réserve d'artillerie, taxa à 6 francs par batterie le montant des dommages causés.

Le rapport terminé, un de ceux qui se trouvaient là ne put s'empêcher de dire que pour 90 francs (puisqu'il y avait 15 batteries) on aurait encore dans Paris investi de nombreuses charretées de légumes.

L'imprudent avait à peine prononcé ces mots qu'une lourde main se posait sur son épaule, imprimait à son corps un mouvement de rotation et le mettait face à face avec le colonel Chappe.

« — Comment, dit ce dernier, vous vous permettez de discuter mes ordres ? »

Et l'autre de répondre, naïvement peut-être, mais au port d'armes :

« — Mon colonel, c'est une simple réflexion qui m'a échappé. »

Le colonel intima au canonnier l'ordre de le suivre dans son bureau et le pauvre servant ne se trouvait pas trop rassuré, car la discipline la plus sévère régnait dans le 15ᵉ corps et la moindre des infractions était réprimée avec une extrême rigueur.

Quand le calvaire fut gravi, que le colonel se fut assis dans son fauteuil, devant sa table de travail, l'interrogatoire commença :

« — Qui êtes-vous ?

« — Mon colonel, je suis deuxième servant à la 20ᵉ batterie du 7ᵉ d'artillerie.

« — Comment, ma batterie préférée ! celle de mon régiment dont je suis le plus fier !

« — Mon colonel, je m'excuse auprès de vous si j'ai pu commettre quelque infraction aux règles de la discipline, mais je suis tout nouveau venu et j'ai plutôt appris le service en campagne que le service des places. »

Le colonel continua l'interrogatoire avec plus de bienveillance. Il demanda au canonnier quelle était sa situation sociale, celle de ses parents, et quand il sut que son interlocuteur était bachelier, il lui demanda pourquoi il ne bénéficiait pas du décret de la Défense nationale qui donnait le brevet de sous-lieutenant d'infanterie à tous ceux qui avaient ce titre.

La réponse fut nette et simple.

« — Mon colonel, je suis dans l'artillerie et je tiens à y rester ; je sais un peu mon métier ; s'il me fallait apprendre tout ce qui est nécessaire à un lieutenant d'infanterie, la guerre serait finie avant que je sois à même de commander une section. Or, tel n'est pas mon désir. »

Le colonel, surpris et satisfait de cette réponse, demanda alors au jeune servant de lui servir à l'occasion de secrétaire, tout en continuant son service régulier à la batterie.

Cette proposition fut acceptée avec enthousiasme et, pour commencer, le colonel dit au jeune homme de se mettre à l'œuvre, de réunir toutes les notes qui se trouvaient éparses sur le bureau, de les recopier et d'en faire une sorte de rapport.

« — Vous fumez ? lui dit-il ensuite.

« — Oui, mon colonel.

« — Eh bien, prenez un de ces cigares ; ça vous donnera des idées pour accomplir la tâche. »

Et en même temps il lui tendit son étui, dont le secrétaire improvisé tira un superbe londrès.

« — Je serai là dans deux heures, dit le colonel, je vais faire un tour dans le camp et j'espère que tout sera prêt quand je reviendrai. »

Effectivement, tout fut prêt.

« — C'est pas trop mal, dit le colonel après avoir parcouru rapidement le travail ; décidément je ferai quelque chose de vous. »

Et c'est ainsi que s'établirent des relations qui devaient devenir par la suite très cordiales entre le colonel et le servant.

Cependant, on était un peu inquiet, à la batterie, sur le sort de l'aide-fourrier, le capitaine Rhulmann tout le premier, mais il fut complètement rassuré quand il vit revenir le servant fier comme Artaban, un gros cigare au bec et radieux de toute son allure.

Mis rapidement au courant de ce qui s'était passé, il dit à l'aide-fourrier :

« — Voyez-vous, le colonel est au fond un excellent homme, mais pas commode ; votre affaire aurait pu se gâter. Enfin, tout est bien qui finit bien. »

C'était la vérité, car le colonel Chappe avait une réputation bien établie d'énergie extraordinaire dans toute l'armée

Quelques jours après nous partions pour la

Montjoie, où le système des cantonnements avait
été adopté.

Nous étions logés dans une ferme, chez le père
et la mère Joseph, à l'extrémité du pays, et nous
connûmes enfin la douceur de vivre.

Non pas que les exercices fussent moins nombreux : on trimait du matin au soir sans désem-
parer, mais en revanche on avait bon souper, bon
gîte et le reste.

D'autres incidents devaient rompre encore la
monotonie de l'attente.

Le gouvernement de la Défense nationale avait
résolu de passer en revue l'armée de la Loire,
avant l'action définitive qui se préparait.

Gambetta devait primitivement venir en personne, mais les soucis du pouvoir ne devaient pas
lui en laisser le loisir.

Glais-Bizoin et Crémieux le remplacèrent, et ce
fut chose curieuse que de voir passer ces deux
hommes sur le front de bandière des troupes.

Glais-Bizoin grand, sec, revêtu d'une redingote
interminable, engoncé dans un large faux-col qui
pointait au-dessus du menton, avait l'aspect solen-
nel des vieux parlementaires de 1830.

Crémieux, petit, trapu, la face tourmentée, le
nez camard, les cheveux presque crépus, formait
un contraste singulier avec son collègue ; à un tel
point que les braves troupiers passés en revue
étaient plutôt disposés au rire qu'au respect.

Que venaient-ils faire là, ces délégués ?

Pas grand'chose. Jouer au commissaire de la
Convention, ce n'était plus de mode à notre époque.

Ce fut, somme toute, une journée de perdue
pour les manœuvres et une fatigue de plus pour
l'armée.

Si le gouvernement de la Défense nationale
avait cru impressionner vivement les hommes, il

s'était trompé dans ses calculs : cette visite n'eut aucune portée sur leur esprit.

A quelques jours de là, l'aide-fourrier eut à faire signer des bons par le sous-intendant. On lui indiqua où se trouvaient les bureaux de ce dernier, il s'y rendit.

Le service était si mal organisé qu'aucune indication n'était inscrite sur la porte.

Il frappa discrètement à celle de gauche. On lui répondit : « Entrez », et au lieu d'être chez un sous-intendant militaire, il se trouva en présence du général en chef et d'un conseil de guerre qui délibéraient sur les futurs plans de campagne.

Tout interdit, l'aide-fourrier s'arrêta sur le seuil de la porte, et il se disposait à se retirer quand le général en chef l'interpella brutalement :

« — Qu'est-ce que vous foutez là ? Foutez-moi le camp et au plus vite. »

L'aide-fourrier se retira.

Ce petit détail montre bien dans quel état d'anarchie nous étions. Il n'est donc pas étonnant qu'avec un pareil désordre les résultats de la guerre n'aient pas été ceux qu'on aurait pu espérer.

Notre inaction durait depuis le 11 novembre, jour de la bataille de Coulmiers. L'armée allemande, libérée par la capitulation de Metz, s'avançait vers nous à marches forcées.

## Sur Artenay

A bref délai un choc était donc inévitable.

Soudain, le 2 décembre, l'ordre nous fut donné de partir. Les trompettes sonnaient le boute-charge et le boute-selle. Nous sentimes que de gros événements se préparaient.

La batterie se dirigea au grand trot sur Artenay et elle prit position au-delà des dernières maisons du pays.

Cette journée était superbe, le soleil était clair et le vent soufflait coupant dans ces grandes plaines de l'Orléanais.

Tout d'abord l'action s'engagea, limitée à quelques coups de canon de part et d'autre ; il semblait qu'on voulût se tâter. Puis la bataille se généralisa et cela chauffa dur.

Pendant le fort de l'action, le canonnier Lefas faisait le service des ravitaillements entre la pièce et son caisson. Dans sa course, sa capote flottait au vent ; un éclat d'obus atteignit ce pan volant d'une manière si malheureuse qu'une large partie en fut déchirée.

Lefas, sans perdre contenance. regarda piteusement le dégât, soulevant son vêtement des deux mains :

« — Ah ! le cochon ! s'écria-t-il, ce que je vais avoir froid cette nuit ! » Et il reprit son service avec autant de placidité que s'il n'avait couru aucun danger.

La ligne des caissons avait été placée à deux cents mètres de la batterie de combat ; le capitaine Rhulmann avait conservé près de lui le fourrier Herry pour porter, en cas de besoin, des ordres à la réserve.

Le tir de nos mitrailleuses appela bientôt l'attention de l'infanterie et de l'artillerie allemandes.

Nos ennemis redoutaient cet engin, dont le crépitement sinistre les démontait ; aussi la batterie devint-elle bientôt leur point de mire.

Une demi-heure après l'engagement de l'action, les deux maréchaux des logis Cheilan et Klein étaient grièvement blessés.

Le premier avait eu le col du fémur brisé et l'autre avait été atteint à la tête par une balle.

C'est alors que le capitaine Rhulmann envoya chercher à la réserve, par le fourrier, l'aide-fourrier dont la présence était devenue nécessaire.

Sa mission accomplie, Herry, qui était à cheval

s'en retournait à toute allure vers son poste de combat. Il était suivi par son second à quelque distance, quand un obus vint éclater entre les jambes du coureur.

La commotion fut telle que ce dernier roula à terre. Le fourrier, qui avait de l'avance, retourna brusquement son cheval et cria :

« Es-tu mort ? »

« — J'en sais rien », répondit l'autre en se relevant tout ahuri encore par la chute et le bruit formidable de l'explosion. Puis, reprenant sa course, il alla se poster au milieu de la route.

Là, les balles sifflaient, nombreuses.

Le capitaine Rhulmann vint le saisir par le bras, l'entraîna à l'abri des maisons et lui demanda s'il n'était pas fou de rester inutilement dans un endroit si périlleux,

Quelques minutes après, l'aide-fourrier, remis de son abrutissement, entrait en lutte et se mettait à l'unisson de ses camarades.

La bataille dura jusqu'à cinq heures. Les Allemands avaient été obligés de lâcher pied ; c'était un véritable succès.

La nuit commençait à tomber quand soudain, dans l'ombre, un fantassin allemand, qui était arrivé jusqu'à nous en rampant, se dressa, nous livra ses armes et se constitua prisonnier.

Pendant que le fourrier et les hommes de corvée s'occupaient des vivres, quelques-uns d'entre nous allèrent voir Cheilan et Klein, tous deux étendus sur de la paille fraîche, dans une écurie.

Ils n'étaient pas les seules victimes de la lutte, mais entre tous les blessés ils étaient les plus gravement atteints.

Une voiture d'ambulance emporta Cheilan ; quant à Klein, moins sérieusement blessé en apparence que son camarade, il se refusa énergiquement à nous quitter.

Klein était un Alsacien des environs de Nieder-
bonn, grand, maigre, plus dur encore pour lui-
même que pour les autres. On lui avait fait un
pansement sérieux.

L'aide-major lui dit que c'était une folie de ne
pas se laisser conduire à l'hôpital ; rien n'y fit, sa
décision était irrévocable et nous dûmes le ramener avec nous.

La nuit se passa sans encombre, mais le lendemain la journée fut terrible.

Dès sept heures du matin, la bataille recommença, furieuse ; aussi, vers deux heures, dans le
plein de l'action, notre situation fut-elle des plus
critiques.

Notre batterie, suivant le mouvement de toute la
réserve d'artillerie du 15e corps, dut progressive-
ment se replier sur Cercottes, où elle fit bravement
son devoir.

Elle fut placée près de la gare ; son tir incessant
était fatigant pour l'ennemi, qui résolut de le faire
cesser.

En quelques minutes, l'adjudant Delignaire fut
tué par un éclat d'obus qui lui emporta les deux
reins, le lieutenant Chartier eut les tendons de la
jambe gauche brisés, son cheval fut tué sous lui,
et on eut toutes les peines du monde à le dégager.

Deux caissons d'artillerie furent renversés, une
pièce fut démontée.

Plusieurs conducteurs et servants furent légère-
ment blessés. Bref, nous étions dans le désarroi le
plus grand.

Mais le capitaine Rhulmann était là, très calme,
superbe sur son grand cheval de bataille, donnant
des ordres avec autant de sang-froid que s'il eût été
sur un champ de manœuvres.

Son attitude nous rendit la confiance ; rapidement tout fut remis en état, et la défense recommença furieuse ; nous voulions nous venger des
pertes subies,

Près de la gare de Cercottes, on brûla plus de deux cents boîtes de munitions par pièce. Les fantassins ennemis se trouvant assez près, nous nous servions maintenant des boîtes rouges, dont les ravages étaient terribles.

Nous tirions en éventail pour étendre notre champ d'action.

Comme les munitions allaient manquer, le capitaine Rhulmann envoya l'aide-fourrier avec plusieurs servants pour faire le ravitaillement au grand parc.

Ils s'élancèrent ventre à terre ; les chevaux eux-mêmes semblaient comprendre la gravité de la situation.

Les deux prolonges furent rapidement remplies au grand parc, mais le retour fut très lent, en raison des masses énormes de fantassins qui encombraient la route. En fin de compte, nous ne pouvions plus avancer, et c'est la rage au cœur qu'on voyait s'écrouler toutes les illusions de la veille ; il n'y avait pas à dire : c'était le désastre, et le désastre le plus complet.

A Cercottes, se trouvait un parc d'aérostation, et non loin de là un moulin.

Le meunier vivait en contact permanent avec les officiers logés chez lui.

L'un d'eux, ayant photographié plusieurs fois le moulin, s'aperçut que les ailes étaient placées, bien que le moulin ne servît pas, dans des positions différentes de jour en jour. On surveilla les allures du fermier ; on s'aperçut qu'il était en contact avec l'ennemi, que les ailes placées de telle ou telle manière correspondaient à des signaux différents dont bénéficiaient les Allemands.

Il fut arrêté, interrogé, jugé ; il avoua son crime et, séance tenante, fut exécuté.

Mais ce qu'il y avait de consolant, c'était de voir les traits d'héroïsme individuels. Un pauvre fantassin, dont le pied n'était plus retenu à la jambe

que par un lambeau de chair, s'en allait lentement,
porté par deux camarades, quand, en passant
devant son capitaine, il lui dit :

« — Vous savez, mon capitaine, votre linge, je
l'ai donné à un tel ».

Un peu plus loin, sur la gauche de la route, un
paysan défonçait des barriques de vin pour que les
Prussiens n'en profitassent pas, et pendant cette
opération, les obus tombaient sur sa maison, bri-
saient les murs, en ne laissant rien, pour ainsi dire,
de l'endroit qui lui était si cher.

La batterie nous rejoignit enfin. Il était temps,
car les obus commençaient déjà à pleuvoir près
des prolonges qui contenaient notre ravitaillement
de munitions.

Éventrer les caisses, faire la répartition des
boîtes vertes et rouges entre les différentes pièces
fut l'affaire d'un instant.

Le combat reprit alors avec plus d'intensité que
jamais.

La réserve d'artillerie du 15e corps reçut pour
mission de soutenir le principal choc. Chacun fit
son devoir, mais la journée ne devait pas se passer
sans de nouveaux incidents.

A un moment donné, l'action du tir devint si
rapide qu'un des ressorts à boudins d'une de nos
mitrailleuses se cassa. Par un froid intense de plus
de 4° au-dessous de zéro, il fallut démonter le système et le remettre en état. L'opération dura cinq
minutes qui parurent bien longues.

Peu après, le maréchal-des-logis Louandre eut
les yeux brûlés par des échappements de gaz d'une
mitrailleuse, dont la manivelle n'avait pas été ser-
rée à fond.

On l'emporta, on le coucha dans une des prolonges.

Même par la nuit noire, on continuait à se battre ; on pointait sur le feu des pièces ennemies, et
nous avions cet avantage, avec nos mitrailleuses,

de n'être pas obligés de dételer pour tirer, nos pièces n'ayant aucun recul.

A six heures, tout était terminé.

Nous étions au bivouac. La lune nous éclairait de sa lueur blafarde, quand tout à coup nous entendîmes à quelque distance des hennissements douloureux, poussés par un cheval blessé. Les regards se portèrent aussitôt dans la direction d'où s'échappaient ces plaintes : un malheureux cheval, les deux jambes d'arrière coupées, s'avançait péniblement sur ses moignons sanglants, et chaque pas lui arrachait un gémissement.

Il fallait mettre fin à son long martyre. Chacun de nous était de cet avis, mais personne ne se présenta quand il s'agit de mettre le projet à exécution.

Enfin, l'un de nous, plus courageux, se décida. Il marcha d'un pas rapide vers la pauvre bête, la flatta un moment de la main et lui appliqua le canon de son pistolet sur la tempe. Un bruit sec retentit ; la bête tomba sur le côté, elle avait cessé de souffrir.

Quant à l'homme, il était tout pâle et tremblant d'émotion lorsqu'il nous rejoignit.

Pendant toute la nuit il resta taciturne et pensif, comme s'il s'en voulait de sa bonne action.

Le lendemain, vers dix heures, la lutte recommença.

Nous étions bien près d'Orléans. Installés au faubourg Bannier, protégés par la ligne du chemin de fer, de nouveau nous tirâmes sur les Allemands, qui se trouvaient à quelques cent mètres de nous.

Un brave Arabe voulut nous servir d'indicateur pour diriger nos coups.

Une première fois il s'élança vers l'ennemi au grand galop de son cheval, se dressa sur ses étriers et revint comme une flèche en nous indiquant du doigt où nous devions tirer,

Une seconde fois il repartit, quoique blessé, revint encore en se cramponnant à la selle. En vain nous voulûmes le retenir ; il alla mourir, percé de coups, près des lignes allemandes.

Il faut rendre hommage à ce brave, qui nous était inconnu, mais qui sut si bien se sacrifier pour sa patrie d'adoption.

Comment et pourquoi les chariots de batterie, la forge, les hommes et les attelages haut-le-pied affectés à la 20ᵉ batterie n'avaient-ils pas suivi le gros de l'armée et se trouvaient-ils là, isolés, dans une rue latérale du faubourg Bannier ?

Les souvenirs de quarante-deux ans sont trop imprécis sur ce point pour être fixés.

Mais le fait est que nous étions là.

Quoi faire ? Où aller ?

Ceci fut laissé à l'initiative de l'aide-fourrier, qui devait aux circonstances d'être le chef de la troupe.

Tout à coup on entendit des pas lourds.

## A Orléans

A voix basse, un ordre fut donné par le chef du petit détachement : « Tout le monde à cheval ; ceux qui ne savent pas monter à plat ventre sur les prolonges. Au moindre signal, détaler au grand galop. »

Les pas se rapprochaient. Au « Qui vive ? » lancé d'une voix forte répondit immédiatement un « Wer da ? » très guttural. Le mot de Cambronne fut la seule réponse et le convoi partit au grand trot sous une fusillade nourrie de l'ennemi.

Orléans était dans l'obscurité la plus profonde ; le feu de l'ennemi ne nous atteignit pas.

Nous courions à l'aveuglette et à une grande allure.

Nul de nous ne connaissait la ville.

Nous eûmes la chance de nous trouver dans la bonne voie, et après avoir évité, grâce à un rayon passager de la lune, la statue de Jeanne d'Arc, nous arrivâmes au pont Saint-Charles et aux casernes du même nom.

Dans la crainte d'être poursuivis et attaqués, l'aide-fourrier forma un parc.

A droite et à gauche il fit placer chacune des deux prolonges, au centre la forge, sur les flancs les chevaux, et dans l'intérieur de ce rempart improvisé les hommes, mousqueton chargé.

Puis, rapidement, il se dirigea vers une maison où brillait une petite lumière, heurta à la porte et demanda où était passé le gros de l'armée.

« — Ils ont pris la route d'Olivet », lui fut-il répondu, et très obligeamment on lui indiqua le chemin.

Décamper fut rapidement fait ; la bravoure ne consiste pas à se faire tuer sans profit, mais au contraire d'une manière utile.

Le petit groupe partit en alternant les allures pour ménager les chevaux.

La route fut longue. A une heure du matin nous fîmes halte pour casser la croûte et prendre un quart de café.

Nous étions arrêtés devant une maison de paysan près de laquelle se trouvaient de grosses souches d'arbres. Heureux de l'aubaine, chacun se mit en devoir d'en casser un peu pour faire chauffer le café.

Sur le seuil de la porte, un homme parut, furieux, un fusil en main, prodiguant les pires outrages et menaçant de faire feu sur le premier qui toucherait à son bois.

Devant cette attitude provocante et grossière, la colère s'empara des nôtres.

L'homme, qui s'était imprudemment avancé jusqu'à nous, fut saisi par des mains vigoureuses et rejeté brutalement dans sa cambuse.

Tout le monde était épuisé ; depuis soixante-douze heures on se battait, on mangeait quand on pouvait et on dormait peu. Les nerfs de tous ces braves gens étaient tendus au paroxysme et c'est la rage au cœur qu'on discutait les événements de ces dernières journées.

Tant d'héroïsme dépensé pour rien provoquait un découragement profond. Comme il était bon de réagir contre cet état d'esprit, l'ordre de départ fut donné.

La route se fit silencieusement, sous un froid glacial ; quand l'aube parut, nous entendîmes dans le lointain les trompettes sonnant la diane et le refrain qui nous était si cher, celui du 7ᵉ d'artillerie.

Enfin nous retrouvions les nôtres. Ce fut parmi nous un sentiment de joie ineffable qui nous redonna du cœur et nous fit oublier les fatigues passées.

L'aide-fourrier eut alors l'idée d'entrer dans le camp avec un certain apparat.

Il fit placer en tête les hommes haut-le-pied, puis les deux prolonges presque côte à côte, derrière, la forge. et, pour clore la marche, les conducteurs montés et les chevaux de réserve.

Nous fûmes accueillis par des vivats, car nous étions regardés comme perdus et revenions quand même.

Le brave Rhulmann donna une accolade émue au chef de la troupe et chacun reprit tout simplement son service.

La journée se passa sans incident, lorsque, à l'heure où la soupe était sur le feu, vers cinq heures, un obus allemand tomba dans le camp.

D'où venait cet obus ? Quelle était la force des contingents dont il était l'avant-coureur ?

Tous l'ignoraient ; aussi parut-il prudent de partir.

On renversa les marmites, on partagea la viande comme on put et l'on prit la route de Bourges.

# En route sur Bourges

L'étape fut rude et longue : vingt-trois heures. La marche de nuit fut rendue encore plus pénible par une pluie fine et glaciale qui formait verglas sur le sol.

Les conducteurs et les servants tenaient les chevaux par la bride et marchaient avec précaution pour éviter les chutes.

La fatigue était intense pour des hommes déjà épuisés, et cela dura jusqu'à trois heures de l'après-midi, à Bourges.

La réserve d'artillerie du 15ᵉ corps campa dans le polygone, dont le sol était recouvert d'un épais manteau de neige.

Le lendemain, la 20ᵉ batterie se dirigeait sur Brécy.

Le capitaine profita de ce moment de répit pour faire réparer le harnachement endommagé, et comme le bourrelier manquait des objets nécessaires, il revint à Bourges avec l'aide-fourrier pour les acheter.

Dans cette ville, l'aide-fourrier eut la chance de rencontrer son ancien économe du lycée d'Evreux, M. Amblard.

Navré de voir le piteux état des vêtements et des chaussures des deux hommes et apprenant que ceux de la batterie étaient logés à la même enseigne, il les emmena chez le maire de Bourges, M. Devoncourt.

Grâce au plaidoyer chaleureux d'Amblard, le maire fit allouer immédiatement aux deux compagnons, pour la batterie, une centaine de ceintures de flanelle, de vareuses de mobile et un lot de demi-bottes destinées à remplacer les godillots des servants. Le godillot est en effet une des chaussures les plus ridicules et les plus malfaisantes qu'on ait jamais portées.

Les guêtres et le lacet se pourrissaient rapidement sous l'action de l'humidité, et le soulier devenait alors inutile.

Le lendemain, bourrelier et aide-fourrier regagnaient le camp, chargés comme des mules, quand ils rencontrèrent la voiture allant de Bourges à Brécy. Sur leur demande, le voiturier les accueillit très aimablement et ne voulut recevoir aucune rémunération. En route nous rencontrâmes la batterie qui revenait à Bourges, ce qui témoignait d'une certaine incohérence dans le commandement.

On campa sur la place Serancourt ; il y faisait terriblement froid.

Quelques jours après, nous partions à Saint-Florent, où nous eûmes le chagrin de perdre le maréchal-des-logis Klein, qui n'avait jamais voulu nous quitter.

La batterie était installée chez de braves fermiers qui furent d'autant plus aimables que leur propriétaire, M. de Marcillac, était chef de bureau au ministère des finances, auquel le fourrier appartenait.

Klein fut soigné là avec tout le dévouement possible. Son ambition avait toujours été d'être nommé adjudant. Il le fut, en remplacement de ce pauvre Delignaire. Malheureusement il expirait au moment où on lui apportait l'heureuse nouvelle.

C'était un brave qui disparaissait dans la tourmente ; il avait supporté les douleurs les plus atroces avec un stoïcisme parfait, mais il devait fatalement succomber à la blessure reçue à la tête, car un abcès s'était formé daus le cerveau.

La cérémonie fut simple, et c'est tout émus que nous abandonnâmes ce camarade de lutte dans le petit cimetière de Saint-Florent, où il dort son dernier sommeil.

C'est aussi à Saint-Florent que le nouveau fourrier fut doté d'un cheval. A cet effet, plusieurs animaux furent amenés, entre lesquels il avait le choix. L'embarras du fourrier fut extrême : il n'avait jamais monté que les petits chevaux de Robinson ou de Montmorency, et son expérience en hippiatrique était des plus minimes.

Heureusement le maréchal vint le tirer d'affaire.

« — Fourrier, lui dit-il, prenez le grand alezan qui est là. C'est une belle et bonne bête. Son trot sera peut-être un peu dur, mais c'est un rude coureur. Ne faites pas attention à la pelade qu'il a ; je vous guérirai cela tout de suite. »

Le fourrier se laissa convaincre, prit la bête et s'en fut content.

Il paya une tournée au maréchal pour le remercier de sa complaisance.

De nouveau la batterie se dirigea sur Bourges. Ce qu'on a fait de marches et de contremarches inutiles à cette malheureuse campagne est impossible à décrire.

Le flottement se sentait même pour les hommes dans les moindres exercices. Le camp fut établi de nouveau sur la place Serancourt, qui était aussi glaciale que précédemment.

Nous étions alors le 24 décembre. Noël fut gaiement fêté.

Nous pensions rester quelque temps dans cette bonne ville de Bourges, quand, un beau matin, le capitaine ordonna à un lieutenant, à trois maréchaux-des-logis et au fourrier de se rendre à Vierzon pour y préparer le logement.

La distance est longue de Bourges à Vierzon ; elle le fut plus encore de Vierzon à Bourges pour le malheureux fourrier. Il faisait en effet pour la première fois une si longue étape sur son cheval d'armes, et Dieu sait ce qu'elle lui fut pénible.

Tout le long de la route il eut toutes les peines du monde à maintenir sa monture, dont l'allure rapide et autoritaire le mettait à chaque instant soit côte à côte avec l'officier qui commandait, soit même en avant de cet officier,

Celui-ci, plein de bienveillance, raillait aimablement le fourrier de son ignorance équestre et pressait l'allure pour reprendre le rang qui lui appartenait.

Les choses se passèrent gaiement.

A Vierzon, le local pour le cantonnement de la batterie fut rapidement trouvé dans la manufacture de M. Hache, gros industriel de la ville.

Après un repas sommaire, le petit groupe reprit la direction de Bourges.

Mais alors recommença le supplice du pauvre fourrier. Le cheval trottait sec et dur ; on montait alors à la française, et la partie charnue du cavalier improvisé semblait envahie par toute une colonie de fourmis.

Néanmoins il fit bonne contenance, s'efforça de se tenir à distance réglementaire de son officier. Mais l'effort qu'il faisait en cette circonstance ajoutait encore à sa fatigue, et c'est fourbu, moulu qu'il s'endormit sur la place de Serancourt, après une journée si bien remplie.

Le 27 décembre, nous étions installés à Vierzon, où après quelques jours de repos, le 15ᵉ corps s'embarquait pour se rendre dans l'Est.

## Dans l'Est

Là devait se jouer la suprême partie qui, si elle avait été combinée par un puissant cerveau, aurait donné les résultats les plus favorables et changé le cours des choses.

Le plan consistait à couper toute communication entre l'Allemagne et la France, à priver les Allemands de tout ravitaillement extérieur, à les bloquer, pour ainsi dire chez nous et à les annihiler par le manque de munitions et de vivres. Cette conception était de belle envergure ; malheureusement l'exécution ne répondit pas à la grandeur du dessein.

La concentration dans l'Est fut longue ; les Allemands eurent le temps voulu pour parer le coup formidable qui les menaçait.

Il fallut cinq nuits et quatre jours pour arriver à Clerval.

Rien ne fut plus pénible que cette marche. On s'arrêtait des demi-journées entières sans pouvoir avancer ; l'encombrement de la voie ferrée était prodigieux, l'incurie malheureusement trop évidente.

Les troupiers descendaient de wagon, se promenaient de long en large et répétaient ces mots sinistres : « Pauvre France, on te trahit ! »

Et pendant ce temps il fallait vivre, et ce n'était pas chose facile que de trouver de quoi nourrir tous les jours les cent vingt hommes et les officiers.

Il est vrai que dans le cours du voyage nous étions restés quelques heures à Dijon. Nous avions permission de descendre en ville, où nous avions remarqué sur toutes les portes la répartition des troupes allemandes chez les habitants.

C'était net, précis et méthodique. Chaque homme savait où il devait loger ; il lui était impossible de ne pas le savoir. Ces minutieuses précautions formaient un contraste singulier avec l'incurie dont nous étions la plupart du temps les victimes.

Aussi est-ce avec un sentiment douloureux de notre infériorité que chacun de nous regagna son poste.

A Dijon nous avions été reçus à bras ouverts et nous avions touché des vivres.

Déjà sur la route nous avions rencontré le plus sympathique accueil, à Beaune et à Nuits entre autres.

Là les habitants s'avançaient empressés vers nos wagons, nous apportant du pain, du fromage et du vin des meilleurs crûs du pays. Ils en apportaient en abondance et même à profusion, nous vendant ces vivres à des prix dérisoires et nous disant qu'ils préféraient de beaucoup les voir consommer par de bons Français que par les Allemands.

Malgré ces ravitaillements de fortune, il était difficile d'assurer un service régulier.

Aussi, pour parer à cet inconvénient, le fourrier résolut-il d'utiliser un de ces longs stationnements sur la voie ferrée pour explorer le pays, avec deux maréchaux-des-logis. Les trois hommes pensaient avoir le temps de revenir avant le départ de ces trains qui ne marchaient jamais et dont les stations étaient quelquefois de six ou sept heures.

Malheureusement, une heure après le départ, leur batterie était partie.

Ils sautèrent alors vivement dans un train en partance dont la marche lente permettait cet exercice dangereux, et ils se trouvèrent seuls dans un fourgon, vide comme par hasard et qui aurait dû contenir quarante hommes de troupe au moins.

Ravis de cette bonne fortune, ils se mirent, à un moment donné, à danser un cancan échevelé, aussi bien pour témoigner de leur joie que pour se réchauffer un peu, car la bise la plus glaciale soufflait dans ce wagon ouvert dont il avait été impossible de faire rouler les portes sur les gonds.

Soudain se produisit un choc formidable : le train venait d'en tamponner un autre. La secousse fut telle que les trois hommes perdirent l'équilibre et furent projetés violemment en avant et en arrière.

Le maréchal-des-logis Durr s'en tira avec quelques contusions ; le maréchal-des-logis Perrot et le fourrier sortirent indemnes de l'aventure, grâce au plus heureux des hasards.

Perrot, un géant, un colosse, vint s'effondrer sur le fourrier au moment où celui-ci tombait à terre ; ce corps pesant empêcha le fourrier d'avoir la tête brisée sur les montants du wagon, et comme conséquence amortit la chute de son protecteur inopiné.

Il s'agissait de quitter cet abri peu sûr, de gagner au plus vite la gare voisine, d'aviser le chef de ce désastre et de reprendre un train qui permit aux trois compagnons de rejoindre leur batterie.

Délibérer et agir fut l'affaire d'un instant.

L'aspect de la voie était sinistre. La locomotive du train tamponneur avait monté sur les derniers wagons du train tamponné, et sa silhouette se profilait sombre et lugubre dans l'atmosphère glacée de la nuit. La lune brillait, permettant par bonheur de se diriger au milieu des décombres. La situation était des plus dangereuses: à gauche, un petit talus; à droite, c'est-à-dire sur la route à suivre, le talus descendait en pente rapide. Enfin nous arrivâmes à destination. Le chef de gare, avisé, fit monter les trois sous-officiers dans un train en partance.

Les pauvres abandonnés arrivèrent à Clairval après s'être renseignés de droite et de gauche du lieu où devait débarquer leur batterie. Leur retour fut salué par des hourrahs. Le capitaine, inquiet, félicita ses trois hommes de leur sang-froid, et la batterie organisa un punch formidable pour fêter ce retour inespéré.

La petite cérémonie eut lieu le soir. On avait emprunté une immense bassine à l'un des hôtes de la batterie, on la remplit d'eau-de-vie et l'on planta au beau milieu un pain de sucre énorme du plus gros calibre qui existât. Le brûlot fut superbe, ses lueurs bleuâtres éclairaient dans la nuit sombre toutes les physionomies d'une manière fantastique. Les flammes léchaient amoureusement le pain de sucre, mais bientôt celui-ci s'effondra d'une manière si malheureuse qu'une partie du précieux liquide se répandit comme une coulée de lave sur les flancs de la gigantesque bassine.

Par bonheur, on avait placé celle-ci sur la forge, qui lui formait une assise solide, et il n'y eut d'autre dégât que la perte matérielle de quelques litres d'eau-de-vie.

Mais il n'est de belle soirée qui n'ait son lendemain, et ce lendemain ce fut la bataille d'Héricourt.

## La Bataille d'Héricourt

Nous étions en position sur les hauteurs. Notre installation était superbe, nous dominions la plaine. Notre participation à la bataille ne fut cependant pas aussi active que nous l'aurions désiré, et puis, il faut bien l'avouer, nous étions un peu jaloux d'entendre sur notre gauche et presque dans la plaine grincer d'autres mitrailleuses que les nôtres.

Elles composaient la batterie du capitaine André. A quel régiment appartenait-elle ? Nous ne l'avons jamais su. Le fait est qu'elle occupait une place qui semblait nous appartenir.

Ce sentiment est peut-être bizarre, mais il est bien humain. On va en guerre pour se battre et non pour être spectateur.

Effectivement nous avons été réduits ce jour-là à tirer seulement quelques bordées et à recevoir des coups sans avoir le droit d'y répondre.

Dans l'après-midi, la batterie fut dirigée sur le plateau Sainte-Suzanne, où nous nous sommes rattrapés de l'inaction de la matinée.

Nous étions en face de Montbéliard, qu'il était nécessaire de prendre pour débloquer Belfort.

La bataille avait dû être rude dans ce coin-là ; les cadavres n'avaient pas encore été enlevés ; les ravages de la mitraille étaient encore visibles, et l'impression fut d'autant plus vive dans notre esprit que nous traversions pour la première fois un champ de bataille après la lutte.

En montant la côte qui devait nous conduire sur le plateau, nous remarquâmes, dans les fossés de la route, les corps de ceux qui avaient succombé. L'un d'eux surtout attira notre attention. C'était un grand diable de fantassin prussien solidement bâti, dont la figure pâle nous impressionna douloureusement. Il paraissait dormir là d'un profond sommeil, son dreyss retenu dans sa main crispée, aussi blanche que sa figure. Aucune blessure apparente, sauf un petit trou au milieu du front.

En arrivant à destination, ordre nous fut donné de ne point dresser de tentes et d'allumer du feu dans une direction contraire à celle du vent, afin d'éviter d'attirer l'attention de l'ennemi.

Un vieux canonnier, qui n'avait pas entendu l'ordre, y contrevint.

La réponse à cette sorte de provocation ne se fit pas attendre : un obus d'une pièce de siège tomba immédiatement dans le camp, tuant un pauvre fantassin accroupi à l'écart.

Cependant, malgré tous ces tristes incidents, il fallait penser à manger, et faire les vivres n'était pas commode.

C'est alors que se produisit parmi nous le premier et dernier acte de rébellion, et, je dois le dire à l'honneur de la batterie, rébellion individuelle, car l'esprit et le moral étaient toujours excellents ; sous la direction du capitaine Rhulmann il n'en pouvait être autrement.

Cela a déjà été dit et ne saurait être trop répété, le capitaine Rhulmann était parfait à tous égards : c'était la bonté, l'énergie et la droiture mêmes. Son calme inspirait la confiance la plus aveugle. Et dans les moments les plus critiques, grâce à son merveilleux tempérament, jamais aucune désespérance ne s'était produite, en raison même des qualités qui formaient le fond et la nature de ce merveilleux officier.

Un brave garçon, du nom de Campel, échappé de Sedan, semblait depuis quelque temps avoir perdu toute énergie ; il s'en allait répétant en éternel refrain : « Pauvre France, on te trahit. »

Ce jour-là, Campel semblait plus mal disposé que jamais. Il refusa de faire partie de la corvée de vivres.

Toutes les remontrances du fourrier, toutes celles du capitaine restèrent inutiles. C'est alors que celui-ci, à bout de patience devant cette obstination insensée et ne voulant pas faire passer au conseil de guerre pour refus de service un brave conducteur qui avait toujours accompli scrupuleusement sa tâche, donna à Campel une magistrale volée de coups de canne. Après quoi le conducteur, convaincu, suivit les autres.

Le capitaine Rhulmann ayant été, en effet, blessé à la jambe à Sedan, une canne lui etait nécessaire quand sa blessure le faisait trop souffrir.

L'attaque sur Montbéliard fut des plus vigoureuses. Les Allemands, qui sentaient toute l'importance de cette position, l'avaient fortifiée d'une façon formidable.

D'autres ont décrit toutes les péripéties de cette bataille, il est inutile d'y revenir.

Pendant notre station sur ce plateau nous entendions les canonnades de Belfort, plus terribles que jamais ; il semblait que c'étaient des appels désespérés qui nous étaient lancés à travers l'espace. Si, en effet, nous n'emportions pas la position, Belfort était irrémédiablement perdu. Mais que faire avec des pièces de 12 et de 4 et des mitrailleuses contre une ville si bien fortifiée !

L'artillerie était impuissante ; les attaques furieuses de l'infanterie le furent aussi, et malgré l'énergie admirable de la troupe, nous dûmes abandonner la partie.

Bourbaki, désespéré de voir son plan à vau-l'eau, tenta de se suicider. Le général Clinchant lui succéda.

# La Retraite sur Besançon

La retraite sur Besançon fut décidée.

En arrivant à Baume-les-Dames, le premier soin du fourrier fut de s'enquérir de l'endroit où se trouvaient placés les convois de l'Intendance.

Grâce aux indications précises qui lui avaient été fournies, il se trouva bientôt en présence, sur la grande place de la ville, des voitures de réquisition qui accompagnaient le corps d'armée.

Les conducteurs étant absents, le fourrier se servit lui-même ; il remplit quatre sacs de pain, piqua son bon dans l'intérieur de la bâche qui recouvrait la voiture et renvoya les hommes chargés de ce précieux butin.

Ceux-ci regagnèrent le camp d'un pas léger, et le fidèle Schmit, le bras droit du fourrier, fut chargé par lui de procéder à la distribution.

Ce dernier se rendit alors chez un boucher, lui présenta ses bons et toucha la viande en quantité nécessaire pour assurer le service de la batterie pendant quatre jours au moins.

La seconde corvée suivit la première. La distribution devait se faire immédiatement, et le fourrier, resté avec un seul homme, alla dans une pharmacie pour prendre quelques médicaments qui lui étaient nécessaires.

De Baume-les-Dames la batterie fit étape vers l'Isle-sous-Doubs.

Autant les nuits étaient froides, autant la température du jour était exquise. C'est pourquoi les hommes, ayant à leur disposition une petite rivière claire et pure, dont les eaux fumaient sous l'ardeur du soleil, songèrent à se nettoyer.

Il y avait longtemps qu'ils n'avaient été à pareille fête ; depuis trois semaines cette bonne aubaine ne leur était pas arrivée.

La ville fut dévalisée de savon. Chacun se mit nu jusqu'à la ceinture, puis le reste y passa.

Ce fut un nettoyage général après lequel on se sentit plus dispos.

A Besançon, le gouverneur, ne voulant pas rééditer un nouveau Sedan, ferma les portes de la ville et menaça même de canonner l'armée si elle tentait de s'y introduire. Alors commença l'exode à travers le Jura. Cette partie de la campagne dépassa en horreur tout ce que l'on peut imaginer.

Dans le désordre général, le service des vivres était des plus rudes et le rôle du fourrier devenait des plus délicats.

Celui de la 20ᵉ batterie sentit particulièrement les difficultés qu'il avait à vaincre ; il prodiguait son activité et son énergie pour assurer à ses hommes et à ses chevaux la ration quotidienne.

Le hasard le servit quelquefois, mais la plupart du temps il devait mettre en action toutes les ressources de son esprit pour arriver à obtenir des résultats pratiques.

En quittant Besançon, près de Pierrefontaine, la batterie croisa un troupeau de bœufs conduit par les gens d'un fournisseur de la guerre.

Le fourrier, qui avait toujours dans sa poche des bons réguliers, s'approcha d'un des bouviers et, lui désignant un bœuf, lui dit :

« — Pour combien de rations me le céderais-tu ?

« — Pour quinze cents, répondit l'autre.

« — Jamais de la vie, lui riposta le fourrier ; « je te le prends pour sept cents. Si tu t'y refuses, tu risques fort de le voir capturer par les Prussiens, et dans ce cas tu perdras tout. »

L'homme alla consulter son patron, et comme les fourrages étaient rares, il consentit à regret à l'exécution du marché proposé.

« — Donne-moi ton bon, dit l'autre en revenant, et prends le bœuf. »

L'affaire conclue, le bœuf fut traîné à la suite

de la batterie, solidement attaché par les cornes avec une corde à fourrages.

A la première halte la bête fut tuée avec une hachette de batterie, dépecée comme on put avec les couteaux les plus primitifs, et, trois heures après, chacun put se régaler à sa faim, chose qui se produisait rarement.

Le plus dur était de passer la nuit.

Avec les températures extrêmes, oscillant entre 17 et 27° au-dessous de zéro, il était très pénible de coucher dehors quand on ne pouvait pas cantonner. Et c'est à ce moment qu'on bénit les ceintures données par l'excellent maire de Bourges, M. Devancoux.

Ces ceintures servirent de passe-montagne ; les hommes s'en couvraient la tête, les oreilles et le cou, se protégeant ainsi contre le danger d'être gelés.

Le fourrier avait appris aux hommes à dormir les jambes croisées à la turque, et pour empêcher que les mains fussent gelées, il leur avait montré la manière de les placer sous leurs aisselles ; de la sorte la chaleur se concentrait, mais il fallait avoir dîné pour ne pas troubler la digestion.

C'est avec ces moyens mis en pratique que la 20ᵉ batterie n'eut jamais un homme gelé ; ce fut un beau résultat.

Mais il ne suffisait pas de nourrir les hommes ; les chevaux, ces précieux auxiliaires de la retraite que nous opérions, réclamaient également des soins.

Le problème à résoudre était hérissé de difficultés. En colonne l'intendance ne se découvre pas facilement ; nous devions néanmoins pourvoir à la subsistance de nos compagnons d'infortune. Ces pauvres bêtes avaient tant de mal à grimper des côtes extrêmement rapides, sur un sol glacé recouvert de tombées de neige nouvelle en quantité si considérable que bien souvent les roues enfonçaient jusqu'aux moyeux !

La solidarité existait entre tous les êtres qui composaient la batterie.

Servants et conducteurs, dans les moments difficiles, se mettaient après les roues, en empoignaient vigoureusement les rais et aidaient au démarrage avec des efforts inouïs. La route se poursuivait lamentablement, et dans les jours de misère, les chevaux en étaient réduits à manger les écorces d'arbres ; quand cette maigre pitance leur faisait défaut, ils s'attaquaient aux jantes et aux rais des roues pour tromper la faim qui les talonnait.

C'est ainsi qu'après bien des péripéties on atteignit Ormans.

Dans cette ville, le fourrier se rendit immédiatement chez un grainetier, avant de penser aux hommes, qui n'avaient pas encore réellement pâti, car tous les jours ils avaient reçu une ration à peu près normale, tandis que parmi les chevaux, la faim s'était fait plus d'une fois sentir.

Quand il fut en présence du grainetier, le fourrier lui demanda du foin, de la paille, de l'avoine, et lui présenta ses bons.

L'homme prétexta qu'il n'avait pas assez de fourrage à sa disposition pour satisfaire à la demande.

Il le fit de cette voix chantante et traînante qui caractérise les gens du Jura français et du Jura suisse ; le fourrier, sortant de ses gonds, lui dit avec colère que quand il verrait Courbet à Paris, il lui ferait part de la muflerie de son compatriote.

Le marchand toisa le fourrier, dont la mine était loin d'être brillante. Il avait conservé sa capote de servant, n'ayant pu toucher de manteau de conducteur ; ses traits étaient hâves et tirés, ses poils follets incultes venaient encore ajouter à son aspect maladif, qu'une dysenterie opiniâtre avait encore rendu plus malingre. Cependant, les yeux restaient encore bons ; ils étaient vifs, brillants et enfiévrés.

« — Courbet, dit l'homme, mais vous ne le connaissez point.

« — Courbet, répondit le fourrier, mais je le connais aussi bien que vous. »

Et il le lui dépeignit physiquement ; puis, comme le grainetier ne semblait pas encore tout à fait convaincu :

« — Tenez, un détail, dit le fourrier : Courbet est l'homme le plus constipé de France ; il reste quelquefois plus de huit jours sans pouvoir...

« — Oh ! ça c'est vrai », lui répondit l'autre.

Et du coup il lui donna tout le fourrage dont il avait besoin.

Le fourrier eut soin de charger ses deux prolonges en mettant dans les fonds l'avoine et sur le dessus la paille et le foin.

En partant, les deux hommes se serrèrent la main comme s'ils s'étaient toujours connus.

Au moment où la corvée de fourrages rentrait au camp, tout le monde était sur le point du départ. Pièces et caissons étaient attelés, le boute-selle sonné, et l'on n'attendait plus que la corvée pour partir.

Alors se passa quelque chose d'inoubliable et de terrible.

Les malheureuses bêtes des batteries, sentant une nourriture qui leur manquait depuis longtemps, se précipitèrent affolées vers les prolonges chargées de paille et de foin ; certaines bêtes se cabraient comme pour rompre leurs traits, d'autres se précipitaient, aiguillonnées par la faim.

Ce voyant, prenant une décision subite, le fourrier fit jeter à la volée par les hommes de corvée, à droite, à gauche, devant, derrière et partout, et du foin et de la paille, de manière à donner satisfaction à ces pauvres créatures affamées.

Bientôt le calme se rétablit ; par bonheur, dans ce tumulte indescriptible, aucun homme ne fut blessé, aucune partie du matériel ne fut endommagée.

La batterie poursuivit sa route à travers les chemins les plus détestables ; le ravitaillement se faisait avec la plus grande difficulté.

Il fallait aller chercher les vivres à dix ou douze kilomètres ; le fourrier de la 20e batterie faisait débarrasser les prolonges et il emmenait dans les véhicules les hommes de corvée et ceux de la compagnie de soutien.

Un jour, par une bonne fortune inespérée, les riz-pain-sel étaient installés à quelques centaines de mètres de la batterie.

Le fourrier, saisissant cette occasion, comme on dit, par les cheveux, fit commander une corvée et se dirigea vers les services d'administration.

Ce n'était pas l'intendance de la 3e division qui se trouvait là, mais bien celle de la seconde.

Le fourrier, qui avait appris ce détail fortuitement, résolut de tirer parti de la situation malgré tout, et il se fit servir les vivres qu'il réclamait avant de produire ses bons.

Dès que l'opération fut terminée, il renvoya ses hommes chargés et ordonna au fidèle Schmit de procéder immédiatement à la distribution.

Pour la première fois on ne touchait plus de viande, mais de larges morceaux de lard.

Il y avait aussi du riz, et les hommes firent piteuse mine quand ils se virent attribuer ce légume.

Quant au pain, il vaudrait mieux n'en pas parler : il était, comme d'habitude, gelé, moisi ; dans l'intérieur figuraient des traînées rouges ou violacées. Mais qu'importe ? il valait mieux en avoir du mauvais que de n'en point avoir du tout.

Le fourrier avait, du reste, trouvé un moyen de dégeler un peu ce mauvais pain : il consistait à le faire mettre dans le bissac que chaque cavalier avait sur son sous-verge, et la chaleur des flancs des chevaux rendait le pain un peu plus acceptable.

Il ne fallait pas être difficile pour se contenter d'un pareil aliment, mais à la guerre comme à la guerre !

Cependant, le quart d'heure de Rabelais avait sonné. Le fourrier, qui avait payé une tournée aux riz-pain-sel, dut enfin exhiber ses bons.

Alors commença une scène tragi-comique.

Les braves riz-pain-sel se mirent à invectiver leur camarade avec la dernière violence ; l'autre se défendait de son mieux. Le vacarme était tel qu'un officier d'administration intervint.

Mis au courant de l'incident, il fit cause commune avec ses hommes, menaçant le fourrier de le faire passer au conseil de guerre s'il ne rendait pas immédiatement les vivres qu'il regardait comme lui ayant été volés.

Le fourrier tint tête à l'orage.

Il fit valoir à l'officier qu'après tout il avait le devoir de nourrir ses hommes, que si l'intendance de la 3ᵉ division se trouvait, comme il était présumable, près des hommes de la seconde, le fait inverse pouvait se produire, et qu'en fin de compte il lui était impossible de rapporter les vivres, parce qu'à l'heure actuelle ils devaient être distribués.

L'officier, furieux, ne parlait rien moins que de faire appréhender le fourrier et de le livrer à la prévôté, quand ce dernier, voyant la mauvaise tournure que prenaient les choses, dépêcha un homme de corvée qu'il avait gardé près de lui vers le capitaine Rhulmann, qui arriva en toute hâte.

Rhulmann intima l'ordre à son fourrier de partir immédiatement. Il remit durement à sa place l'officier d'administration et calma les scrupules de ce dernier en disant qu'il prenait pour son compte la responsabilité de cette affaire. De retour au camp, il félicita son fourrier sur son attitude et lui dit qu'il n'avait rien à redouter.

Cependant les hommes se montraient fort embarrassés des morceaux de lard qui leur avaient été remis et qui étaient tellement gras qu'il était presque impossible d'en rien tirer. Ils avaient bien des pommes de terre, mais en quantité insuffisante pour absorber toute la graisse des malheureux morceaux livrés. Ils avaient eu beau les saupoudrer de poivre et de sel, cela n'avait pas suffi encore. C'est alors que le fourrier, s'improvisant cuisinier, découpa dans ces blocs de graisse des morceaux un peu plus larges que des sandwiches. Il fit frire ces morceaux jusqu'à ce qu'ils devinssent croustillants.

L'expérience réussit à merveille.

Les hommes, encouragés par cet heureux essai, l'imitèrent tous ; la graisse servit pour les pommes de terre et chacun soupa content.

Ces incidents égayaient un peu la route si triste et si longue. Tantôt on bivouaquait, tantôt on cantonnait.

Les hommes s'empilaient jusqu'à trente et quarante dans une pièce qui en aurait normalement contenu dix. Mais c'est égal, si mal qu'ils fussent, ils étaient encore mieux que dehors, où les morsures d'un froid de 27° au-dessous de zéro ne laissaient pas d'être cruelles.

Et c'est ainsi qu'après bien des journées sombres et des nuits terribles, la batterie arriva à Pontarlier, gravissant et descendant des côtes toutes couvertes de neige et sur lesquelles soufflait l'âpre bise.

## A Pontarlier

A Pontarlier, tous les arrivants furent cantonnés chez l'habitant. Les sous-officiers de la 20e étaient logés chez un brave rétameur chargé de famille et vivant péniblement.

En route, on avait toujours touché le fameux riz, dont les hommes avaient été vite lassés. Le fourrier les avait instamment priés de ne pas jeter les rations s'ils ne voulaient pas les manger et de les donner aux malheureux chevaux qui mouraient de faim, ce qui avait été fait.

Il restait encore deux sacs de riz, et comme il était possible de trouver en ville, en abondance, du fourrage pour les chevaux et des vivres frais pour les hommes, les deux sacs de riz furent abandonnés aux hôtes malheureux qui nous abritaient sous leur toit. Bien mieux, dès le second repas, il fut entendu d'un commun accord que puisque la ménagère était assez aimable pour préparer notre nourriture, elle, son mari et ses enfants prendraient place à notre table.

Le fourrier avait à peine fait quelques pas dans la ville qu'il rencontrait le payeur principal du corps d'armée et ses collaborateurs.

Il était en contact avec eux depuis quelques semaines, et comme ces messieurs étaient presque tous du Ministère des Finances, auquel appartenait le fourrier, Pontalié. le payeur principal, invita le fourrier à dîner pour le soir même.

Le temps de se bichonner, de s'astiquer, de se montrer digne enfin de l'amabilité qui lui était faite en ayant une tenue correcte, six heures furent bientôt arrivées.

En entrant dans la grande salle basse où tous ces messieurs étaient réunis, éclairée par un lumignon des plus primitifs, il remarqua que ses hôtes étaient vêtus comme en pleine rue, et il leur demanda comment ils n'avaient pas fait de feu dans cet âtre immense qui semblait solliciter le fagot.

« — On nous en a promis, répondit Pontalié, mais cela ne vient pas vite, et voici plus d'une heure que nous grelottons ici sans que l'on s'occupe de nous. »

Le fourrier, que les péripéties de la campagne avaient singulièrement dégourdi, résolut de payer sa bienvenue à ses amis d'une manière originale,

Il sortit, fureta dans la cour et rentra quelques minutes après, traînant avec lui deux énormes bourrées et une assez forte quantité de paille. L'harmonie de sa toilette en fut un peu troublée, mais qu'importe ? il serait tout excusé par ses hôtes quand ceux-ci auraient chaud.

Il jeta les deux fagots dans l'âtre, plaça dessous la paille, et bientôt une flambée claire et pétillante vint réchauffer les membres las et engourdis.

« — Voyez-vous, dit-il en riant au cercle qui s'était immédiatement formé autour de la vaste cheminée, on n'est jamais si bien servi que par soi-même. »

Quelques minutes plus tard, tout le monde était à table. Le repas fut d'autant plus gai que le payeur principal avait été averti qu'il y avait un armistice général et que les hostilités étaient suspendues.

Vers dix heures, chacun regagna son gite, heureux de voir que cette campagne allait se terminer et que rien n'était irrémédiablement perdu.

Et chacun escomptait l'avenir, se disant qu'après tout, si la lutte devait recommencer, les forces auraient été réparées par ces quelques jours de répit.

Cette joie fut de courte durée.

Un sous-officier d'artillerie était arrivé à grande allure, sauvant une pièce des mains de l'ennemi et annonçant que celui-ci s'était emparé, à Sombacourt, sans coup férir, de deux généraux, de trois mille hommes et de toute l'artillerie, sauf la pièce qu'il venait de sauver.

Immédiatement, toute la garnison fut sur pied et veilla toute la nuit.

L'armistice ne nous concernait donc point ?

Hélas ! non ; l'ennemi en profitait.

Un parlementaire allemand était d'ailleurs venu, confirmant la triste nouvelle.

C'était un grand diable d'officier, dans une

allure et une tenue telles que les Allemands savent en choisir quand ils veulent frapper l'imagination populaire.

Donc, la guerre continuait ; il fallait sauver l'armée, sous peine d'avoir à Pontarlier un nouveau Sedan.

Une faible partie des troupes s'égailla sur la zone franche de Gex et la majeure partie dut entrer en Suisse.

Avant de partir, le capitaine, désirant avoir quelques subsides pour payer ses hommes, chargea le fourrier de demander de l'argent au trésorier-payeur.

Les six cents francs requis lui furent donnés immédiatement ; le fourrier les porta au capitaine.

Il demanda alors à ce dernier l'autorisation de rester à Pontarlier, tant il était malade, et il rentra dans la ville, où il trouva un refuge chez un commerçant de la Grande-Rue, M. Roussel, chez qui logeait le payeur de l'armée Brulé.

Là, le fourrier abandonna avec regret ses vêtements militaires, endossa des vêtements civils que lui prêta son hôte. Il descendit la Grande-Rue lentement, pensif, plus accablé par ce désastre que par toutes les fatigues qu'il avait subies jusqu'alors.

En route il rencontra l'avant-garde prussienne ; il entra vivement dans une maison, chez le receveur des contributions indirectes, M. Petit, lui exposa rapidement qui il était et ce qu'il voulait faire, lui demandant l'hospitalité pour vingt-quatre heures au plus.

M. Petit fit monter son hôte au premier, et c'est avec la plus vive émotion que l'un et l'autre assistèrent au défilé des troupes allemandes.

Mais leur émotion fut à son comble quand ils virent passer devant leurs yeux une ambulance française que les Allemands faisaient rétrograder avec eux.

La conduite des Allemands ne fut pas digne en

cette circonstance, car ils brutalisaient les hommes qui ne marchaient pas assez vite à leur gré.

Dans l'après-midi, les deux hommes sortirent, doublèrent la porte de Pontarlier et vinrent se heurter à un grand nombre d'habitants, à quelques pas desquels se trouvaient le général Manteuffel et de Werder, entourés de leurs états-majors.

L'objectif des Allemands était de détruire la résistance du général Pallu de la Barrière, qui se battait désespérément près de la Cluse pour favoriser le passage de l'armée en Suisse.

## La Défense du Fort de Joux

Leur objectif était également de s'emparer des forts de Joux et du Larmont. Aussi leur attaque était-elle furieuse, d'autant plus furieuse qu'elle rencontrait des obstacles imprévus.

Du point où ils se tenaient, l'état-major allemand et les spectateurs suivaient très facilement les péripéties de la lutte ; ils voyaient l'infanterie allemande tenter d'escalader les pentes du versant qui conduisait au fort de Joux, car les Allemands s'étaient dit, en bons stratégistes, que le Larmont tiendrait peu quand le fort de Joux serait conquis.

Tout à coup, le cœur du fourrier bondit : au milieu de la canonnade du fort, il entendit le crépitement sinistre des mitrailleuses. C'étaient donc les siens qui se battaient encore là-haut ; il lui sembla qu'il était pour ainsi dire avec eux.

Manteuffel donnait des ordres d'un air rageur ; il voyait avec dépit l'inutilité de cette attaque, car il n'avait pu penser un seul instant à une défense si énergique de la dernière heure.

Enfin, tout bruit cessa, la canonnade se tut. L'armée était sauvée ; l'arrière-garde, commandée par Pallu de la Barrière, avait vécu.

Le fourrier rentra chez ses anciens hôtes ; il combina sa fuite pour le lendemain.

Le brave rétameur chez qui il avait passé des heures si agréables s'offrit à lui servir de guide pour le conduire en Suisse.

Le fourrier, qui avait reçu la veille cent francs de sa famille, alla en emprunter cent autres à M. Roussel. Ainsi lesté, son compagnon et lui, ayant chacun un ustensile de ménage sur les épaules, se dirigèrent, au milieu des plus grandes difficultés, vers la frontière suisse.

Toutes les routes praticables étaient encombrées par les Allemands ; il n'y avait d'autre ressource, pour se tirer d'affaire, que de marcher à travers bois.

Heureusement, le guide connaissait admirablement son pays ; en moins de deux heures nous fûmes dans la maison d'un gendarme, en territoire suisse.

Celui-ci regarda les deux hommes avec stupé-péfaction ; il leur demanda qui ils étaient et d'où ils venaient, et en fin de compte il vit parfaitement à qui il avait affaire.

« — Je vous laisse passer, dit-il au fourrier, parce que vous êtes un bon Français ; mais si vous étiez un cochon d'Allemand, je vous ferais interner tout de suite. »

Le fourrier le remercia de sa bienveillance, offrit un louis en rémunération de sa peine au pauvre rétameur chargé de famille, mais celui-ci refusa avec indignation.

« — Comment ! dit-il, vous m'avez nourri avec toute ma famille pendant quelques jours ; vous avez assuré la nourriture des miens pendant long-temps avec vos sacs de riz, mais je serais le dernier des cochons si j'acceptais ! »

Ce qui prouve bien que dans ce beau pays de France la noblesse et la dignité dans les sentiments n'existent pas seulement dans certaines classes, mais dans toutes, car cet homme jouait sa vie dans la circonstance.

. Aussi, l'année suivante, le frère du fourrier, qui était inspecteur des finances en tournée à Pontarlier, alla-t-il rendre visite au rétameur qui avait sauvé son frère.

Avant de se séparer, les trois hommes trinquèrent ensemble avec la plus franche cordialité.

Et maintenant, quoi faire ? Où aller ? se dit le fourrier. Je veux gagner Paris, rejoindre mon régiment à Rennes.

## Le Retour au Régiment

Comment y aller, et au plus vite ?

Il se promenait tout rêveur dans les verrières, quand il vit à la porte d'un café un traîneau vide.

Il entra, demanda à qui appartenait ce véhicule. Le cafetier lui répondit :

« — Il est loué par ce monsieur. »

Et il lui désignait en même temps un consommateur vêtu à la mode des bouviers, blouse bleue, pantalon de velours à côtes, et gros bâton noueux à côté de lui.

La figure de l'homme était très énergique et très expressive. Ses longs cheveux et sa longue barbe noire lui donnaient un aspect des plus rébarbatifs, mais l'œil, très dur par certains moments, était dans d'autres pleins de douceur.

Le fourrier aborda directement l'homme, malgré ses appréhensions, et il lui demanda très poliment s'il voulait bien lui permettre de prendre place avec lui dans le traîneau, moyennant rétribution, bien entendu.

« — Non, lui répondit sèchement l'homme, j'ai un traîneau pour moi et je le garde. Je ne veux être incommodé par qui que ce soit pendant ma route. »

L'effondrement du fourrier fut complet.

Avec l'enthousiasme de ses vingt ans, il s'imaginait qu'on ne pouvait refuser à son semblable un si mince service.

Dans l'état d'énervement où il se trouvait, il eut un spasme et un sanglot et murmura entre ses dents : « C'est bien fâcheux, car j'aurais bien voulu rentrer en France pour reprendre du service. »

L'attitude de l'homme changea immédiatement.

« — Qui donc êtes-vous ? dit-il au fourrier.

« — Monsieur, lui répondit celui-ci, je n'ai pas à m'en cacher. Je suis ici en terre amie, pourquoi ne pas dire la vérité ? Je suis fourrier à la 20ᵉ batterie du 7ᵉ d'artillerie.

« — Et moi, répondit l'autre, je suis le capitaine Schwartz, du 2ᵉ d'artillerie, à Grenoble. »

Le fourrier se mit immédiatement au port d'arme, mais le capitaine, brusquement, lui dit :

« — Il n'y a plus ici ni fourrier, ni capitaine, il n'y a que de bons Français. Asseyez-vous à ma table, prenez une consommation avec moi, nous ferons route ensemble. »

Le grog chaud absorbé, ils se mirent en route et la nuit les força à s'arrêter à Convé, en plein Val-de-Travers.

Le conducteur du traîneau les mena dans une auberge où il avait l'habitude de descendre et qui était remplie de soldats de l'armée fédérale, gros, gras, frais, respirant la force et la santé. Leur aspect contrastait singulièrement avec le leur, qui était minable.

Le fourrier était encore plus mal vêtu que Schwartz : son bonnet de fourrure était rapé, mangé de vers et pas très propre ; son veston, son gilet et son pantalon, ses uniques vêtements, étaient usés jusqu'à la corde, et le malheureux fourrier n'avait même pas un paletot, si mince fût-il, pour cacher sa misère et se protéger contre le froid.

Les troupes fédérales banquetaient joyeusement, sans se presser, et eux, la faim les talonnait.

A la fin, le fourrier dit au capitaine :

« — Vous savez, cela ne peut durer ainsi. Je vais aller voir à la cuisine ce qui se passe. Si je suis fourrier, ce n'est pas pour vous laisser crever de faim, ni moi non plus. »

Il fit alors irruption dans la fameuse cuisine d'où sortaient tant de bons plats fumants qui aiguisaient encore l'appétit féroce des deux hommes.

« — Eh bien, la petite mère, dit-il à la cuisinière effarée, car c'était une femme respectable, frisant la quarantaine, replète, rebondie, presque une femme de Téniers ou de Joardaens, eh bien, la petite mère, il n'y a donc rien à manger pour nous ? Je crève de faim, mon camarade aussi, et je ne veux cependant pas mourir sans avoir revu Paris. »

A ce mot magique de Paris, la femme eut un sursaut.

« — A Paris ?... vous allez à Paris ?

« — Oui, répondit le fourrier, j'y vais ; qu'est-ce qu'il y a d'extraordinaire à cela ?

« — Mais j'ai un frère qui est concierge à Paris, répondit la femme de feu.

« — Eh bien, lui dit le fourrier, c'est bien simple : faites-nous bien dîner tout de suite, mon camarade et moi, et je vous promets, dès mon arrivée, de lui porter de vos nouvelles.

Le marché fut accepté ; bientôt Schwartz et le fourrier, confortablement installés dans un coin de la cuisine, faisaient le meilleur des repas.

Mais ce n'était pas tout de manger, il fallait dormir.

Tous les lits de l'hôtel étaient pris ; il devait en être de même ailleurs.

Quoi faire ?

Le fourrier se creusait la cervelle pour tâcher

de donner cette suprême consolation à son nouvel ami, quand le hasard le conduisit dans la salle du café.

Il entra brusquement dans la cuisine où se trouvait Schwartz et lui dit :

« — En route ; j'ai trouvé la meilleure couchette du monde ; elle n'est pas très moelleuse, mais vous n'y regarderez pas de si près. Nous serons ce soir camarades de lit. »

Et en même temps il lui montrait le billard sur lequel capitaine et fourrier ne tardèrent pas à dormir du plus profond sommeil.

A six heures, le traîneau partit, emportant les deux compagnons, qui avaient pris, grâce à la cuisinière diligente, un excellent repas avant de quitter Convé.

Les voyageurs traversèrent ainsi tout le Val-Travers, Sainte-Croix, les Ras, pour redescendre ensuite vers Lausanne.

Cette route n'était pas la plus courte, mais les autres étaient trop encombrées pour pouvoir songer à les prendre.

En chemin, Schwartz racontait le désastre de Sombacourt dans tous ses détails. Il était logé, lui, chez un fermier qui lui avait prêté les vêtements qu'il portait.

Son lieutenant était au presbytère, où il avait revêtu une des soutanes du curé pour s'enfuir ; mais, dans la bagarre, impossible de savoir où son lieutenant était passé.

Et il continua ainsi jusqu'au moment où tous deux arrivèrent à Lausanne, racontant les batailles et les engagements auxquels il avait pris part et demandant au fourrier de nombreux détails sur sa campagne.

A Lausanne, ils réglèrent le traîneau, et Schwartz, toujours charmant et bienveillant vis-à-vis de son compagnon de route, lui offrit de lui acheter un paletot de fourrure pour se garantir contre les intempéries de la saison.

« — Vous me rembourserez cela quand vous voudrez », lui dit-il.

Mais l'autre refusa.

« — Baste ! dit-il à Schwartz, un peu plus, un peu moins de froid, cela ne compte plus, j'en ai vu bien d'autres. Je vous remercie du fond du cœur de votre offre, mais je ne puis l'accepter. Qui sait si les miens ne sont pas ruinés à l'heure actuelle ? »

A Lausanne, ils prirent le train. Schwartz ne permit pas au fourrier de payer, il ajouta d'un ton bourru, mais avec une délicatesse exquise :

« — Voyons, vous n'êtes pas fou ! Vous n'avez que dix louis dans votre poche. Si vous les dépensez ainsi, comment ferez-vous pour aller à Paris ? »

Ils voyagèrent en première. De Lausanne ils filèrent sur Genève, de Genève sur Culoz, et de là l'intention du fourrier était d'aller à Lyon pour se faire porter rentrant à la Place.

Dans le voyage ils recueillirent quelques compagnons d'infortune. C'étaient tous des officiers d'artillerie auxquels Schwartz présenta son compagnon de route, en indiquant son grade et sa qualité ; mais il le fit avec tant de tact et d'autorité que chacun sentit qu'il devait traiter le fourrier en égal et non pas en inférieur.

A Culoz, ils quittèrent le train. Dans la salle du buffet, Schwartz retrouva encore de nombreux amis et son lieutenant, revêtu de la soutane du curé de Sombacourt.

Et avant de se séparer, le champagne fut sablé et chacun forma des vœux pour des jours meilleurs, au grand scandale d'Anglais, qui étaient ahuris de voir un prêtre se livrer publiquement à un pareil écart.

Un lieutenant d'artillerie et le fourrier étaient

les seuls à se diriger vers Lyon. En y arrivant, ils allèrent tous deux fraternellement se présenter à la Place et regagnèrent ensuite l'Hôtel des Etrangers, d'où, le lendemain, ils partirent l'un pour Marseille, l'autre pour Rennes.

Pendant ce temps, qu'était devenue la 20e batterie ?

Après avoir campé quelques jours dans le Val-Travers, la batterie fut dirigée dans l'intérieur de la Suisse.

Cette batterie, qui était partie si confiante et si joyeuse du vieux quartier « Le Colombier », à Rennes, vint, par une cruelle ironie du sort, échouer lamentablement à Colombier (Suisse).

## Deux Lettres

De longues années après, le capitaine Rhulmann devenait colonel du 1er régiment d'artillerie à Bourges. Son ancien fourrier lui écrivit alors pour le féliciter et Rhulmann lui répondit par la lettre suivante :

« Belfort, le   Janvier 1893.

« Mon cher Monsieur Prevost,

« La lettre que vous m'avez adressée m'a reporté à vingt-deux ans en arrière, à l'époque où, cantonnés dans les environs de Bourges ou de Vierzon, nous n'avions pour un moment d'autre préoccupation que celle d'assurer la subsistance de tout le monde, hommes et chevaux. Quelques jours après, nous sommes partis pour un long voyage en chemin de fer du côté de l'Est. Ce n'étaient pas les jours les plus agréables de la campagne. Débarqués à Clerval, nous avons continué notre route par les montagnes du Jura pour un voyage fort pittoresque, mais pauvre en ressources et difficile à pratiquer par les temps de neige. On se plaignait, autour de nous, de manquer de beaucoup de choses. Je dois dire que dans la 20ᵉ batterie du 7ᵉ d'artillerie, grâce à l'activité, à l'entrain et à l'énergie d'un petit brigadier-fourrier, nous n'avons manqué de rien, ou, du moins, ni d'argent, ni de vivres, ni même de fourrage, ce qui n'était pas toujours facile à obtenir.

« Honneur à ce vaillant jeune homme.

« Je vous remercie du bon souvenir que vous conservez de votre ancien capitaine. Vous voyez que de mon côté je ne vous oublie pas.

« J'aurai le plus grand plaisir d'aller vous serrer la main à mon prochain voyage à Paris.

« Recevez, en attendant, l'expression de mes sentiments très affectueux et très dévoués.

« C. Rhulmann. »

De son côté, le colonel Chappe avait conservé si bon souvenir de son fourrier de campagne que dès son retour à Rennes il lui faisait le grand honneur de l'inviter à venir au jour de la colonelle et de l'admettre à sa table.

Voici la lettre qui consacre la première invitation :

« Rennes, le 14 Juin 187r.

« Mon cher Fourrier,

« Vous pouvez vous présenter au docteur Chauvin quand vous voudrez. Vous seriez bien aimable de venir demain dimanche dîner, au lieu d'aujourd'hui samedi.

« Amitiés,

« P. Chappe. »

## Conclusion

Cette publication paraît venir à point pour donner quelques indications aux fourriers de l'avenir.

D'habitude, dans les récits militaires, on s'occupe

exclusivement de stratégie, des batailles sont décrites, des régiments énumérés, les actions d'éclat de chacun d'eux consignées dans les rapports.

Mais ce qu'on oublie bien trop souvent, c'est de parler du soldat, c'est de parler de sa vie, de l'endurance à laquelle il est soumis et du dévouement obscur dont il fait preuve.

Ce qu'on oublie également, c'est de parler du pauvre fourrier, la cheville ouvrière de toute notre organisation ; du fourrier qui doit assurer, même dans les circonstances les plus critiques, la subsistance du troupier.

Si l'intendance avait entre les mains les documents nécessaires à cet effet, il n'est pas douteux que son service prendrait plus de cohésion et de consistance, que les erreurs fâcheuses de 1870 seraient évitées et qu'on ne verrait plus des troupes mourant de froid et de faim se débander le long des routes.

Quand le soldat a le ventre plein, il est gai, joyeux, hardi, audacieux ; quand il souffre de la faim il se désespère, son énergie tombe, son endurance diminue.

Il est à souhaiter que dans les campagnes futures les erreurs passées ne se reproduisent plus.

C'est le gage le plus sûr du succès. D'autant qu'avec l'organisation nouvelle, la centralisation absolue de tous les services entre les mains du général en chef, celui-ci doit trouver dans ses collaborateurs l'initiative voulue pour le décharger des préoccupations et des soucis matériels.

S'il en était autrement, le généralissime débordé ne pourrait suffire à sa tâche et c'en serait fait de la Patrie.

# TABLE DES MATIÈRES